CHIEF BULLSHIT OFFICER

Texte et dessins :
FIX

Les extraordinaires aventures de la vie de bureau
CHIEF BULLSHIT OFFICER

diateino

« Managez-vous les uns les autres
comme je vous ai managés. »

La Bible, évangile selon Steve Jobs

Les pages qui suivent prétendent décrire quelques-unes des extraordinaires aventures que chacun d'entre nous peut vivre quotidiennement au boulot.
Un certain nombre d'entre elles ont d'ailleurs été publiées dans d'excellents magazines professionnels, comme *Le Monde Informatique*, *CIO* ou *Good Vibes*.

Mais, bien entendu, tout cela n'a aucun rapport avec la réalité, absolument aucun.
Et toute ressemblance serait purement et définitivement fortuite.
Vraiment méga-fortuite, quoi.

C'est bien compris ?

ORGANIGRAMME

LES ACTIONNAIRES
Créatures toutes-puissantes et légendaires, que certains se vantent d'avoir déjà rencontrées.

MONSIEUR LE DIRECTEUR
Leader faiblement éclairé, légèrement dépassé, subtilement mégalomane, un tantinet colérique et parfaitement autoritaire.

NICOLAS
Directeur administratif et financier, monomaniaque fétichiste de la réduction budgétaire.

LES MANAGERS

LEONCE
Notre héros, manager fatigué, accessoirement responsable informatique.

JEAN-LOUP
Resp. commercial et ami de Léonce.

FRED
DRH un peu bourrin.

ORGANZA
Resp. marketing et communication.

MARIE-REINE
Resp. juridique.

JEAN-KEVIN
Adjoint de Léonce. Jeune, compétent, agile, ambitieux..., bref, pénible.

ÉQUIPE DE LÉONCE

LAMBERT
Dernier embauché, un peu naïf, plein de bonne volonté, il est à fond, à fond, à fond.

NATACHA
Dynamique et compétente, on se demande ce qu'elle fait encore là.

SANDY
Geeeeeeeek.

JEAN-DIDIER
Chef de projet à tout faire.

SEB
Sympathique tire-au-flanc.

MONSIEUR LE DIRECTEUR

LA RÉUNION DE LA MORT

BIENVENUE À CETTE RÉUNION.

COMME LE VEUT LA COUTUME, NOUS COMMENÇONS EN RETARD, ET L'ORDRE DU JOUR EST FLOU. PENDANT LES 4-5 HEURES QUI VIENNENT, CHACUN VA PARLER LONGUEMENT DE SUJETS QUI N'INTÉRESSENT QUE LUI...

PENDANT CE TEMPS, LES AUTRES S'ENNUIERONT OU LIRONT LEURS MAILS. BIEN ENTENDU, LES FORTS EN GUEULE MONOPOLISERONT LA PAROLE, ET AUCUNE AVANCÉE CONCRÈTE N'EST ATTENDUE...

CHEF, EST-CE QUE JE PEUX ENCORE PARTIR ?

DÉSOLÉ, LA PORTE NE S'OUVRE QUE DE L'EXTÉRIEUR.

CHEF DE PROJET

COMMEEEEEEEEEENT ???

CHIEF BULLSHIT OFFICER (1)

DO YOU SPEAK THE NEW JARGON?

18

LES BONS COLLABORATEURS

PLAN DE CONTINUITÉ D'ACTIVITÉ (OU PAS)

22

FORMATION CONTINUE

ENTRETIEN ANNUEL

POUR COMMENCER CET ENTRETIEN ANNUEL, LAMBERT, SACHEZ QUE L'ENTREPRISE A FAIT UNE TRÈÈÈS BONNE ANNÉE.

ON A TOUT EXPLOSÉ !

QUANT À VOUS, TOUS LES OBJECTIFS SONT ATTEINTS, VOUS AVEZ LARGEMENT FAIT VOS PREUVES, BRAVO !

VOUS AVEZ CARTONNÉ !

VOUS IREZ LOIN ! D'AILLEURS, J'ENVISAGE DE VOUS CONFIER DE NOUVELLES RESPONSABILITÉS DANS LES MOIS QUI VIENNENT.

JE COMPTE SUR VOUS, NE ME DÉCEVEZ PAS !

ET... EST-CE QUE JE PEUX AVOIR UNE AUGMENTATION ?

VOUS ME DÉCEVEZ, LAMBERT.

CHIEF BULLSHIT OFFICER (2)

GAMIFIER L'ENTRETIEN D'ÉVALUATION

LE TÉLÉTRAVAIL À TRAVERS LES ÂGES

TÉLÉMANAGEMENT

C'EST CURIEUX : J'AI L'IMPRESSION QUE MES COLLABORATEURS BOSSENT PLUS ET MIEUX DEPUIS QU'ON EST PASSÉS EN TÉLÉTRAVAIL...

MAIS D'OÙ PEUT VENIR CETTE HAUSSE DE PRODUCTIVITÉ ? JE NE SUIS MÊME PAS LÀ POUR LES AIDER À MIEUX TRAVAILLER...

OU ALORS... C'EST MON MANAGEMENT QUI AVAIT, AUPARAVANT, UN IMPACT NÉGATIF SUR LEUR PRODUC-TIVITÉ, ET LE TÉLÉTRAVAIL L'A JUSTE ANNULÉ ???

HA, HA ! QUELLE IDÉE FARFELUE... ALLEZ, HOP, REVENONS AU TRAVAIL : JE LEUR ENVOIE ENCORE QUELQUES CONSIGNES FLOUES MAIS URGENTES, ET APRÈS JE PLANIFIERAI UNE BONNE DOUZAINE DE RÉUNIONS INUTILES...

TIP TIP TIP TIP TIP TIP TIP

Fix

MANAGEMENT À DISTANCE

Bonjour, Lambert,

Vous voudrez bien trouver, ci-joint, une vidéo dans laquelle je vous engueule.

Bien cordialement, Léonce.

DES RISQUES DU TRAVAIL À DISTANCE

BACK TO THE BUREAU!

UNE RÉUNION !
JUSTE UNE
PETITE RÉUNION !

MÊME LONGUE !
MÊME ENNUYEUSE !

UNE DISCUSSION
À LA MACHINE
À CAFÉ !

LES JÉRÉMIADES
DES COLLÈGUES !

MON ORDINATEUR
QUI RAME !

LES RAGOTS !

L'HALEINE CAFÉ-
CLOPE DE LAMBERT !

LA MOQUETTE
POURRIE !

MON BUREAU
SANS FENÊTRE !

LA CANTINE
DOUTEUSE !

SLURP

BREF..., T'EN AS MARRE
DU TÉLÉTRAVAIL, ET
TU VOUDRAIS RETOURNER
AU BOULOT, C'EST ÇA ?

OUI...

36

THÉORIE(S) DU COMPLOT

LA VOIX DE SON MAÎTRE

41

TOUT EST SOUS CONTRÔLE

RESPONSABLE MAIS PAS COUPABLE

CHERS COLLÈGUES, NOUS AUTRES, AU SERVICE INFORMATIQUE, SOMMES BIEN CONSCIENTS QUE CES EXPLOSIONS NON EXPLIQUÉES DE VOS ORDINATEURS SONT UN VRAI PROBLÈME DANS VOTRE QUOTIDIEN.

LES RAISONS POSSIBLES DE CES EXPLOSIONS SONT MULTIPLES : DÉFAUT MATÉRIEL ? CYBERATTAQUE ? PANNE ÉLECTRIQUE ? PRÉSENCE INOPPORTUNE DE CAPPUCCINO DANS LES CIRCUITS ? ... À L'HEURE ACTUELLE, IL N'EST PAS ENCORE POSSIBLE DE SE PRONONCER...

MAIS SACHEZ QUE JE LES CONDAMNE AVEC LA PLUS GRANDE FERMETÉ ET QUE J'AI IMMÉDIATEMENT DILIGENTÉ UNE ENQUÊTE, CONFIÉE AUX MEILLEURS EXPERTS, AVEC POUR MISSION D'OBTENIR AU PLUS VITE LES PREUVES...

... QUE LE SERVICE INFORMATIQUE N'EST EN RIEN RESPONSABLE DE CES PROBLÈMES INFORMATIQUES.

DES QUESTIONS ?

43

PENDANT CE TEMPS,
AU CONSEIL D'ADMINISTRATION...

BURN OUT : POURQUOI S'EN FAIRE ?

J'AI UN GROS PROBLÈME : MES MEILLEURS COLLABORATEURS FRISENT LE BURN OUT. ILS ONT UNE ÉNORME PRESSION, ILS SONT SUPER IMPLIQUÉS. SI ÇA CONTINUE, ILS VONT CRAQUER...

TSS, TSS, TSS..., CE SONT TES MEILLEURS COLLABORATEURS... POUR L'INSTANT !

QUAND ILS CRAQUERONT, ILS SERONT INCAPABLES DE TRAVAILLER. ET ILS DEVIENDRONT DONC LES PLUS MAUVAIS DE TES COLLABORATEURS... LE GENRE QU'ON NE TIENT PAS À GARDER DANS L'ENTREPRISE...

BREF, JE NE VOIS PAS LE PROBLÈME...

FIX

Scientifiques découvrant les effets de l'intelligence collective

VOUS VOYEZ, LAMBERT :
SI VOUS DITES « OUI »
À TOUTES MES DÉCISIONS,
MON INTELLIGENCE
DEVIENT COLLECTIVE.

#BALANCETONCOLLÈGUE

DITES DONC, MESSIEURS...

VOUS NE TROUVEZ PAS QUE ÇA MANQUE DE FEMMES DANS VOS PETITES HISTOIRES ?

HEIN ?

SI !

?

ET BEN, C'EST PAS GAGNÉ POUR L'ÉGALITÉ FEMMES-HOMMES DANS L'INFORMATIQUE !

ARF

FIX

L'HOMME EST UNE FEMME COMME LES AUTRES

AH, ON PARLE PARTOUT DE FÉMINISME...

ÇA DONNE DES IDÉES ! JE VAIS AMÉLIORER L'ÉGALITÉ FEMMES-HOMMES DANS NOTRE SERVICE !

C'EST VRAI QUE C'EST TRÈS MASCULIN...

HUM... MAIS FAUT QUE JE SACHE D'OÙ ON PART... IL ME FAUDRAIT QUELQUES CHIFFRES DE BASE... DES STATS...

MESSIEURS, COMBIEN D'ENTRE VOUS SONT DES FEMMES ?

CUNÉGONDE

CUNÉGONDE, JE VOULAIS VOUS FÉLICITER : VOUS PILOTEZ VOTRE PROJET COMME UN AS !

AVEC BEAUCOUP PLUS D'EFFICACITÉ, DE FINESSE ET DE COMPÉTENCE QUE JEAN-DIDIER ET SEB... SOIT DIT EN PASSANT !

DE VRAIS BRANQUIGNOLS, DOUBLÉS DE FEIGNASSES, CES DEUX-LÀ !

HI HI HI

ALORS POURQUOI EST-CE QUE JE SUIS TOUJOURS MOINS PAYÉE ET MOINS GRADÉE QU'EUX ?

EUH...

T'AS VU ? PARAÎT QUE CUNÉGONDE EST PARTIE...

J'AI TOUJOURS DIT QU'ELLE AVAIT PAS LE NIVEAU...

CAFÉ ?

TWIZZZZ BIP BIP BIP TWOOOUU

FIX

RECRUTEMENT FÉMINISTE

PERFORMANCE FOREVER

CHIEF BULLSHIT OFFICER (3)

EUH... BEN MOI, JE FAIS DE LA PROGRAMMATION INFORMATIQUE, QUOI...

BORING...

BULLSHIT POWER !!!

BREF, JE FAIS DU DESIGN D'ALGORITHMES...

FAIS-MOI L'AMOUR !

JE COMPRENDS MIEUX À QUOI SERT UN CHIEF BULLSHIT OFFICER.

TOUS ENSEMBLE

CHERS COLLÈGUES, J'ESPÈRE QUE VOUS AVEZ TOUS PASSÉ UN BON ÉTÉ ET QUE VOUS REVENEZ AU TRAVAIL EN PLEINE FORME.

POUR REPARTIR DU BON PIED, IL EST CAPITAL QUE NOUS REVENIONS SUR NOS FONDAMENTAUX, SUR NOTRE « RAISON D'ÊTRE »...

... AUSSI, JE PROPOSE QUE NOUS PRENIONS UN MOMENT POUR RÉFLÉCHIR À CE QUI NOUS UNIT EN TANT QU'ÉQUIPE.

ET C'EST LÀ QU'ILS SONT TOUS PARTIS ?

TOUS.

FIX

LE SURVIVANT

CHEF ! ON A SUBI UNE CYBERATTAQUE MASSIVE, LA NUIT DERNIÈRE. TOUS LES SERVEURS, TOUS LES POSTES DE TRAVAIL ONT ÉTÉ INFECTÉS !

CE QUI EST ÉTRANGE, C'EST QUE L'ORDINATEUR DU DG EST LE SEUL À NE PAS AVOIR ÉTÉ TOUCHÉ...

POURQUOI EST-CE QUE LES PIRATES ONT ÉPARGNÉ LE DG ?... EST-CE QUE ÇA VEUT DIRE QUE L'ATTAQUE POURRAIT ÊTRE PARTIE DE SON ORDINATEUR ?... À SON INSU, PAR MALADRESSE ?... OU... AVEC SA COMPLICITÉ ???...

MON DIEU, EST-CE QUE NOTRE DG EST VICTIME DE CHANTAGE DE LA PART D'UN CONCURRENT ???

EST-CE QU'IL TRAVAILLE, EN RÉALITÉ, POUR LA CIA ? POUR LA RUSSIE ?...

MON ORDINATEUR ?

JE SAIS PAS, J'AI JAMAIS RÉUSSI À L'ALLUMER.

LES MOTS POUR LE DIRE

JEAN-DIDIER, NOUS SOMMES DÉSORMAIS UNE ENTREPRISE MODERNE ET INNOVANTE. J'ATTENDS DE VOUS QUE VOUS ADOPTIEZ UNE NOUVELLE POSTURE, QUE VOUS SORTIEZ DE VOTRE PETITE ZONE DE CONFORT.

JE VEUX QUE VOUS SOYEZ INNOVANT, QUE VOUS IMPULSIEZ DE NOUVELLES INITIATIVES. LAISSEZ DERRIÈRE VOUS VOS PETITES ANGOISSES ! LIBÉREZ VOS ÉNERGIES ! OUVREZ VOS CHAKRAS, BON SANG !

MON VIEUX, FAUT VOUS SORTIR LES DOIGTS DU CU NOM D'UN CHIEN !!!

ET N'OUBLIEZ PAS QUE LA BIENVEILLANCE EST NOTRE VALEUR FONDATRICE !

Fix

TEMPÊTAGE DE CERVELLE

OÙ TU VEUX, QUAND TU VEUX...

QUAND JE SERAI GRAND,
JE SERAI UNE START-UP

OÙ L'ON APPREND QUE LA LICORNE VIT EN TROUPEAU

RENTRÉE DIFFICILE

JE TE DIS : LA RENTRÉE, ÇA A VRAIMENT ÉTÉ L'ENFER, CETTE ANNÉE. IL TREMBLAIT, IL PLEURAIT, IL S'ACCROCHAIT À MOI...

DEVANT LA PORTE, IL HURLAIT : « J'VEUX PAS Y ALLER, J'VEUX PAS Y ALLER » !!! IL DONNAIT DES COUPS DE PIED. IL ÉTAIT TOUT ROUGE, ET D'UN COUP IL EST DEVENU TOUT BLANC. ET LÀ, IL A VOMI PARTOUT !

AH OUI, MOI AUSSI, LA RENTRÉE EN MATERNELLE DE MA FILLE, ÇA A ÉTÉ DIFFICILE, CETTE ANNÉE.

MOI, JE PARLAIS DE MON MARI. IL A REPRIS LE BOULOT, CE MATIN.

ABSURDE IS THE NEW BLACK

HIER, J'AI FAILLI DÉMISSIONNER, CHEF.

J'AI ÉTÉ SOUDAIN ÉCRASÉ PAR L'ABSOLUE ABSURDITÉ DE MON JOB...

VOUS COMPRENEZ ? MON BOULOT NE SERT À RIEN ! IL N'A AUCUN SENS !!!

HEUREUSEMENT, APRÈS J'AI PENSÉ À <u>VOTRE</u> BOULOT, ET DEPUIS JE ME SENS MIEUX.

BORN TO CONNECT

TO BE OR NOT TO BE... A START-UP

COMMENT FAIRE COMPRENDRE AUX EMPLOYÉS QUE NOUS DEVONS DÉSORMAIS ÊTRE UN ENTREPRISE DIGITALE, INNOVANTE, DISRUPTIVE ET COOL ?...

FAUDRAIT DES TRUCS CONCRETS, QUI SE VOIENT AU QUOTIDIEN... FAIRE COMME CHEZ GOOGLE ET FACEBOOK, METTRE DES FAUTEUILS, DES BABY-FOOT...

OUI, MAIS IL FAUT QUAND MÊME QU'ON PUISSE CONTRÔLER SI LA MAYONNAISE PREND...

... ET C'EST POUR CELA QUE LE BABY-FOOT SERA DÉSORMAIS OBLIGATOIRE ET FERA PARTIE DE VOS ÉVALUATIONS ANNUELLES.

IA : LA GENÈSE

TROUVER LE BON CHEF DE PROJET

JEAN-DIDIER, JE VOUS CHARGE DE NOTRE PROJET « INTELLIGENCE ARTIFICIELLE ».

MERCI, CHEF, VOUS NE SEREZ PAS DÉÇU !

BON. « INTELLIGENCE »... IL NOUS FAUT DONC DE LA CERVELLE... JE VAIS PASSER CHEZ LE BOUCHER... MAIS ÇA VA COÛTER CHER... OU ALORS ON POURRAIT PRENDRE LE CERVEAU DES STAGIAIRES...

ÇA M'A L'AIR BIEN PARTI...

INTELLIGENCE ARTIFICIELLE

RATIONALISER L'ENTREPRISE AVEC L'IA

CHEF ! ON DEVRAIT UTILISER NOTRE NOUVELLE INTELLIGENCE ARTIFICIELLE POUR NOS PROJETS !

IMAGINEZ ! L'IA NOUS PERMETTRAIT DE TOUT OPTIMISER, DE TOUT PRÉVOIR, D'ÉLIMINER LES FACTEURS IRRATIONNELS QUI HANDICAPENT NOS PROJETS !

ÇA M'ÉTONNE, MAIS C'EST PEUT-ÊTRE UNE BONNE IDÉE...

Bonjour, Je suis chargé de vous éliminer, suite à mon analyse qui vous a identifié comme principal facteur irrationnel handicapant votre projet.

RESSOURCES HUMAINES

ÉTUDE MARKETING

IA ET MARKETING

D'APRÈS NOTRE INTELLIGENCE ARTIFICIELLE, NOS CLIENTS ONT LE COMPORTEMENT DE LEMMINGS ZOMBIS ACCROS AU LSD...

AH ? C'EST EMBÊTANT... ON N'AVAIT PAS PRÉVU ÇA...

COMMENT ADAPTER NOTRE STRATÉGIE MARKETING À CETTE NOUVELLE DONNE ?

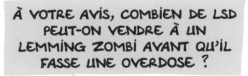

À VOTRE AVIS, COMBIEN DE LSD PEUT-ON VENDRE À UN LEMMING ZOMBI AVANT QU'IL FASSE UNE OVERDOSE ?

DES OBJECTIFS CLAIRS,
POUR UNE STRATÉGIE CLAIRE

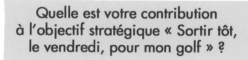

LE GRAND REMPLACEMENT (1)

LE GRAND REMPLACEMENT (2)

TU AS VU ? LE DG EST EN TRAIN DE REMPLACER TOUS LES EMPLOYÉS PAR DES PLANTES EN POT !

JE SAIS, JE SAIS. MAIS NE T'INQUIÈTE PAS...

... CELA NE CONCERNE QUE LES INCOMPÉTENTS.

J'AI TOUJOURS SU QUE C'ÉTAIT UN TOCARD...

LE GRAND REMPLACEMENT (3)

LE GRAND REMPLACEMENT (4)

RAGE AGAINST THE MACHINE

JOYEUX NOËL...

DIS, PAPA, JE VOUDRAIS TE POSER UNE QUESTION...

JE T'ÉCOUTE, MA CHÉRIE.

MAIS TU DOIS ME DIRE LA VÉRITÉ, HEIN ?

HA, HA ! BIEN SUR !

PENDANT NOËL, J'AI BIEN TOUT OBSERVÉ : LES CADEAUX, LES TRACES DANS LA NEIGE, TOUT ÇA... MAIS J'ARRIVE PAS À SAVOIR S'IL FAUT Y CROIRE OU PAS...

HI, HI...

IL EXISTE VRAIMENT, LE LIVREUR AMAZON ?

LA VÉRITÉ SORT DE LA BOUCHE DES ENFANTS

PAPA ! PAPA ! JE PEUX TE PARLER DU PÈRE NOËL ?

HA, HA ! TU TE DEMANDES S'IL EXISTE OU PAS, HEIN ? MOI AUSSI, À TON ÂGE...

BAH, POUR MOI, C'EST CLAIR. TOUTE CETTE DISTRIBUTION DE CADEAUX, ÇA PEUT PAS ÊTRE FAIT PAR UN VIEUX BONHOMME TOUT SEUL...

NON, LA VÉRITÉ EST ÉVIDENTE...

PAPA, JE CROIS QUE LE PÈRE NOËL EST UN ALGORITHME...

LAMBERT, JE VOUS DÉLÈGUE CE DOSSIER ABSOLUMENT CRUCIAL.

SOIT NOUS RÉUSSISSONS ENSEMBLE, SOIT VOUS ÉCHOUEZ SEUL.

TOTAL BULLSHIT

BONNE RÉSOLUTION

THE BULLSHIT GENERATOR

Mode d'emploi

Toi aussi, fabrique tes phrases 100 % *bullshit*.
C'est tout simple : pour chaque bulle, lance un dé,
consulte le résultat dans le tableau, et assemble les réponses
en une phrase vide de sens, mais qui en jette grave !

1 LES GARS, SI ON VEUT VRAIMENT...

1	INCARNER NOTRE WHY,	4	MONITORER LES TALENTS,
2	FAIRE SENS ENSEMBLE,	5	CRANTER LA SCALABILITY,
3	DEVENIR UNE LICORNE,	6	SORTIR AVANT 17 H 30,

2 ALORS IL EST CRUCIAL DE...

1	DISRUPTER
2	UBERISER
3	DIGITALISER
4	CROSS-SEGMENTER
5	MONÉTISER
6	LEVERAGER

3 ...

1	LA BIENVEILLANCE.
2	À L'ÉCHELLE.
3	EN MODE AGILE.
4	LE TIME TO MARKET.
5	LE B-TO-B-TO-C-TO-B.
6	JEAN-PIERRE.

Fix

À PROPOS DE L'AUTEUR

Né en 1977, Fix est un dessinateur de presse spécialisé dans le dessin humoristique sur le monde de l'entreprise.
Ses dessins sont publiés dans plusieurs titres de presse (*CIO*, *Le Monde Informatique*, *Négoce*, *Le Parisien*…) et ont fait l'objet de plusieurs livres.

En parallèle, Fix intervient en continu auprès de grandes entreprises et administrations pour la réalisation d'illustrations humoristiques « en live » lors de séminaires et de colloques.

DU MÊME AUTEUR CHEZ DIATEINO

Petit dictionnaire illustré de l'entreprise, 2014, 2019.
IT Blues, 2016.
Réussir son burn out, 2016.
À la recherche du projet perdu, 2016.
Innover sans se fatiguer, 2016.

Retrouvez l'univers de Fix sur
www.fix-dessinateur.com
(ou sur les réseaux sociaux).